ANALIZA KSIĄŻKI

Wiadomość w butelce

. . . .

VALÉRIE ZENATTI

ANALIZA KSIĄŻKI

Napisany przez Lucile Lhoste
Przetłumaczony przez Kâmil Kowalski

Wiadomość w butelce

VALÉRIE ZENATTI

VALÉRIE ZENATTI

FRANCUSKA PISARKA, TŁUMACZKA I SCENARZYSTKA

- **Urodzony w 1970 roku w Nicei**
- **Niektóre z jego prac:**
  - *Kiedy byłem żołnierzem* (2002), autobiografia
  - *Spóźniony na wojnę* (2006), powieść
  - *Jakub, Jakub* (2014), powieść

Valérie Zenatti urodziła się w Nicei 1 kwietnia 1970 roku. W wieku 13 lat wyemigrowała z rodziną do Izraela, gdzie w latach 1988-1990 odbyła służbę wojskową. Następnie wróciła do Francji, gdzie studiowała historię i język hebrajski. Jako tłumaczka izraelskiego pisarza Aharona Appelfelda (ur. 1932), pracowała w różnych zawodach (w dziennikarstwie, radiu, nauczaniu), zanim poświęciła się pisaniu powieści i scenariuszy.

Jego teksty zdobyły różne nagrody (w tym Prix du Livre Inter za *Jacob, Jacob* w 2015 roku), a dwie jego powieści, *Une bouteille dans la mer de Gaza* i *En retard pour la guerre*, zostały zaadaptowane na filmy.

WIADOMOŚĆ W BUTELCE

HYMN DO DIALOGU MIĘDZYKULTUROWEGO

- **Gatunek:** powieści dla dzieci

- **Wydanie źródłowe:** *Une bouteille dans la mer de Gaza*, Paris, L'École des loisirs, coll. «Médium», 2005

- **Pierwsze wydanie:** 2005 r.

- **Tematy:** konflikt izraelsko-palestyński, wojna, przyjaźń, dialog

W następstwie ataku terrorystycznego w pobliżu jej domu, 17-letnia Tal wpada na szalony pomysł: chce napisać list o przyjaźni i nadziei, zapieczętować go w butelce i poprosić brata Eytana, by zabrał go ze sobą do Gazy i wrzucił do morza. Uczennica ma nadzieję, że butelkę znajdzie nastolatka w jej wieku, z którą będzie mogła korespondować. Nieoczekiwanie odpowiada jej młody mężczyzna, który nie wydaje się zbyt przyjazny...

Przetłumaczona na około piętnaście języków i wyróżniona kilkoma nagrodami *Wiadomość w butelce* została również zaadaptowana na potrzeby kina przez Thierry'ego Binisti (francuski reżyser, ur. 1964) w 2012 roku.

STRESZCZENIE

WYMUSZANIE DIALOGU

Tal, młoda izraelska nastolatka, mieszka z rodzicami i bratem w Jerozolimie, gdzie wojna stała się częścią jej codzienności. Przez trzy lata i początek drugiej Intifady (nacjonalistycznej rewolty Palestyńczyków) następował jeden atak za drugim. Jedno z nich, które miało miejsce w kawiarni niedaleko jej domu, zszokowało licealistkę, która nie jest przyzwyczajona do tak dużej ilości przemocy. Kocha swoje miasto, swoje codzienne życie, swoich przyjaciół i nie może już znieść tak wielkiej niestabilności i konfliktu między Izraelczykami i Palestyńczykami.

 ### WIEDZIAŁEŚ O TYM?

Pierwsza Intifada miała miejsce w latach 1987-1993 na Zachodnim Brzegu i w Strefie Gazy, palestyńskich terytoriach okupowanych przez Izrael. Rozgoryczeni codziennymi upokorzeniami i oburzeni minimalizacją śmierci czterech Palestyńczyków w wypadku spowodowanym przez izraelską ciężarówkę, Palestyńczycy, głównie młodzi, rozpoczęli kampanię obywatelskiego nieposłuszeństwa, której towarzyszyły akty przemocy (rzucanie kamieniami, ataki koktajlami Mołotowa itp.). Kampania ta zakończyła się Porozumieniem z Oslo z 1993 roku, które ustanowiło progresywny plan autonomii dla terytoriów okupowanych. Jednak te porozumienia okazały się porażką.

Choć zwykle spisuje swoje wspomnienia i emocje dla siebie, pewnego dnia doznaje objawienia: musi skontaktować się z kimś po drugiej stronie granicy ze Strefą Gazy. Postanawia napisać długi list, który umieszcza w butelce i daje swojemu bratu Eytanowi, który odbywa służbę wojskową w palestyńskim mieście. Prosi go, by wrzucił butelkę do morza i ma nadzieję, że ktoś ją znajdzie i zgodzi się z nią porozmawiać.

Jakiś czas później na adres, który Tal stworzył specjalnie na potrzeby tej wymiany, przychodzi e-mail. Ku jej zaskoczeniu, pochodziła ona od mężczyzny, który odmówił zabawy. Młodej Izraelce udaje się jednak wymusić dialog i rozpoczyna stałą korespondencję z człowiekiem, który nazywa siebie obywatelem Gazy.

Kilka miesięcy później, gdy Tal spaceruje po Jerozolimie, by sfilmować miasto do filmu dokumentalnego, na jej oczach dochodzi do ataku. To wydarzenie wstrząsa jej życiem, czyni ją bardziej poważną i zgorzkniałą, a także doprowadza do tego, że popycha swojego korespondencyjnego kolegę do granic możliwości. Ten ostatni w końcu wyznaje swoje pierwsze imię – Naïm – i dzieli się z nim tym, jak wygląda jego codzienne życie i wojna w Strefie Gazy.

Pół roku po znalezieniu butelki Naim pisze do Tal to, co będzie jego ostatnią wiadomością. Wyszczególnia wszystko, co chciała o nim wiedzieć, opowiada jej o swoim niedawnym przyjęciu na stypendium w Kanadzie i umawia się z nim na spotkanie trzy lata później przy fontannie di Trevi w Rzymie.

TAJNA KORESPONDENCJA

Stosunki między Izraelczykami a Palestyńczykami nie są dobrze przemyślane, dlatego Eytan jest początkowo zszokowany prośbą siostry: czy nie jest szalona, że w czasie wojny chce rozmawiać z Palestyńczykiem? Co więcej, niesienie takiej wiadomości naraża go samego na niebezpieczeństwo, z tych samych powodów. Mimo to w końcu ulega, z uwagi na swoją młodszą siostrę.

Tal specjalnie dla tej korespondencji stworzyła nowy adres e-mail, który sprawdza często przez następne dwa tygodnie, pod koniec których otrzymuje wiadomość od pewnego człowieka z Gazy. Natychmiast rozbija piękne złudzenia dziewczyny: ma szczęście, że jej butelkę znalazł ktoś, kto zna hebrajski, bo w Gazie mało kto mówi w tym języku. A on nie ma ochoty odpowiadać na jej prośby...

Jednak te stwierdzenia nie są tak prawdziwe, jak chciałby nam wmówić ich autor. Jest w zasadzie bardzo zaintrygowany Talem i jego szczerością, i nie może się powstrzymać od pójścia do kafejki internetowej, by mu odpowiedzieć, uważając, by nikt go nie przyłapał. Utrzymywanie serdecznych kontaktów z Izraelczykiem w Gazie jest rzeczywiście niebezpieczne. Pewnego dnia, myśląc, że został zdemaskowany i obawiając się konsekwencji, postanawia przestać chodzić do cyberkawiarni i korzystać z komputera w pokoju prowadzonym przez znajomych, aby utrzymać kontakt z dziewczyną.

Przez kilka miesięcy pozostaje jednak bardzo podejrzliwy, odmawiając ujawnienia czegokolwiek konkretnego na swój temat. Tal dowiaduje się o tym dopiero dużo później, ale Eytan wie o Naim minimum. Żołnierz regularnie obserwował plażę w Gazie, gdzie z ciekawości upuścił butelkę i uchwycił moment, gdy Palestyńczyk znalazł list. Od początku wiedział, jak wygląda młody człowiek, ale wolał zachować ten szczegół dla siebie, choć przyznaje, że od początku mu ufał.

PRZYJAŹŃ PONAD PODZIAŁAMI

Przez długi czas Naïm całkowicie milczy na temat swojego życia i przeszłości. Dopiero pod koniec powieści, gdy ma wyjechać do Kanady, wyjawia jej, że pracował na swoje stypendium. Czytelnik dowiaduje się również, że Tal przypomina mu inną dziewczynę o tym samym imieniu, którą znał w Izraelu, gdy tam pracował. Został z ojcem, również pracodawcą i stopniowo zakochał się w drugiej Tal. Po wybuchu drugiej Intifady w 2000 roku młodzi Palestyńczycy, tacy jak on, nie mogli już pracować w Izraelu. Naim przyrzekł więc opuścić Gazę, by gdzie indziej zbudować lepszą przyszłość.

W trakcie ich wymiany Tal otrzymuje od ojca propozycję, która szczególnie ją interesuje: ma nakręcić dokument o Jerozolimie, filmując miasto tak, jak ona je widzi. Pewnego ranka jest świadkiem wybuchu autobusu na środku ulicy, podczas gdy na pokładzie znajdowało się kilka osób. Po tym fakcie przez kilka dni nie odpowiadała Naimowi. Tal już wcześniej martwiła się tym, co dzieje się wokół niej, ale po zamachu w autobusie ledwo wychodziła z domu, musiała chodzić do psychologa i była kompletnie roztrzęsiona.

Stopniowo jej korespondencja z Naïmem staje się schronieniem: rozmawia z nim łatwiej niż z praktykiem, któremu zgadza się zwierzyć dopiero po kilku sesjach. Ojcu udaje się jednak wyrwać ją z letargu, zabierając na spacer po mieście. Jest to konieczne, aby wyznała wszystko o swojej korespondencji, co on przyjmuje bez wzdrygnięcia. Tal ma wtedy złe przeczucia, gdyż Naïm od jakiegoś czasu nie wysłał jej wiadomości. Potwierdza to rozstanie, które następuje, gdy ogłasza zamiar opuszczenia kraju, mimo obietnicy spotkania trzy lata później.

STUDIUM POSTACI

TAL LEVINE

Tal jest 17-letnią licealistką, urodzoną 1 lipca 1986 roku w Tel Awiwie – podczas gdy wszyscy członkowie jej rodziny od kilku pokoleń urodzili się w Jerozolimie. Według Naima, który odkrywa ją w tym samym czasie co czytelnik, gdy wysyła mu swoje zdjęcie mailem, ma kanciastą, szeroką twarz, długie kasztanowe włosy, brązowo-zielone oczy i piegi. Jest ładna, nie będąc przy tym wyjątkowo piękną. Łatwo się z nią rozmawia i ma pogodne usposobienie, choć bardzo martwi ją sytuacja wojenna w jej kraju.

Jej środowisko i jakość życia są dość komfortowe pomimo ukrytego braku bezpieczeństwa. Nastolatka wie jednak, że trudno mówić o dialogu z Palestyńczykami, dlatego o swojej korespondencji z Naimem opowiada dopiero bardzo późno. Kiedy dowiadują się o tym, jej rodzice są zaskakująco tolerancyjni: w głębi duszy również nie są zamknięci na porozumienie, nawet jeśli nie mogą tego otwarcie wyrazić z powodu napięć między dwoma terytoriami.

Jej główne relacje to Efrat, jej najlepsza przyjaciółka, Heri, jej chłopak oraz jego siostra, z którą również dobrze się dogaduje. Jest też bardzo zżyta ze swoim bratem Eytanem, 20-letnim pielęgniarzem wojskowym, z którym często chodzi do tej samej kawiarni, gdy on jest na urlopie. To jeden z powodów, dla których atak na początku powieści w rzeczonej kawiarni tak bardzo ją dotyka: jest to miejsce, które jest jej znane.

Tal przeżyła ważne wydarzenia w historii Izraela, z których dwa miały na nią szczególny wpływ: podpisanie Porozumień z Oslo w 1993 roku (krok w izraelsko-palestyńskim procesie pokojowym, który zakończył pierwszą Intifadę) oraz zabójstwo Icchaka Rabina (izraelski polityk, 1922-1995). Co roku wraz z rodziną udaje się w miejsce, gdzie zginął, by upamiętnić tę fatalną datę.

 ## ICCHAK RABIN

Urodzony w Izraelu w syjonistycznej rodzinie Icchak Rabin wstąpił po szkole do żydowskiej armii podziemnej, walcząc o niepodległość kraju znajdującego się wówczas pod mandatem brytyjskim. Piął się po szczeblach kariery, zostając w 1964 roku szefem sztabu Tsahal (nazwa nadana armii izraelskiej w momencie uzyskania niepodległości w 1948 roku), po czym na pięć lat został ambasadorem w Waszyngtonie.

W 1974 r. wszedł do polityki jako minister pracy, by w tym samym roku zostać premierem po Goldzie Meir (1898-1978). Został ministrem obrony i był nieugięty wobec palestyńskiego powstania w 1987 roku. Później, podczas drugiej kadencji jako premier od 1992 roku, odwrócił swoje stanowisko i zaczął działać na rzecz pokoju między Izraelczykami i Palestyńczykami, do tego stopnia, że w 1994 roku otrzymał pokojową nagrodę Nobla. Niestety, jego wysiłki nie przyniosły mu szczęścia i w następnym roku, podczas demonstracji popierającej rząd, został zamordowany przez ultranacjonalistycznego fanatyka.

Jak wielu Izraelczyków, Tal żyje z regularnymi atakami w kraju. Nie przyzwyczaja się jednak do tak dużej ilości przemocy i konfliktów. Jej pragnienie, aby pewnego dnia żyć w pokojowej krainie, gdzie Izraelczycy i Palestyńczycy mogą żyć razem, jest siłą napędową jej decyzji o wrzuceniu butelki do Morza Gaza.

Wybuch autobusu, którego jest świadkiem, wstrząsa nią do tego stopnia, że nie chodzi już do szkoły, ale nie może się powstrzymać od niezachwianej wiary, że jej marzenie o pojednaniu się spełni. Nie podejmuje jednak żadnych większych działań w tym kierunku, korespondencja z Palestyńczykiem jest jej jedyną formą oporu wobec barbarzyństwa. Ale robiąc to, już podejmuje duże ryzyko i wykazuje się wyjątkową jak na swój wiek odwagą.

Jeśli ma nadzieję na konwersację z inną dziewczyną o swoich obawach, jest podwójnie zaskoczona efektem swojej butelki. Mężczyzna nie tylko ją odnajduje, ale także pokazuje jej poprzez swoje świadectwo, że palestyńska młodzież jest jeszcze bardziej strapiona niż myślała. Tal rozumie, że po obu stronach jest cierpienie i że Palestyńczycy, przedstawiani jako wrogowie, również ponoszą ciężkie konsekwencje wojny. Jako nastolatka pozostaje bezsilna wobec konfliktu, ale znajduje sposób na przekroczenie granicy ze Strefą Gazy i nawiązanie dialogu.

NAIM AL-FARJOUK

Naïm w momencie opowiadania ma 20 lat i prawdopodobnie urodził się około 1983 lub 1984 roku, według lat, w których koresponduje z Tal. Jest dość wysoki i ma krótkie, kręcone włosy. Ma dokuczliwy temperament i jest znacznie mniej naiwny i zabawny niż jego kolega z kojca. Jest jedynakiem – rzadkość w Gazie – i jest rozpieszczany przez rodziców.

W przeciwieństwie do większości Palestyńczyków Naim zna hebrajski, ponieważ jego ojciec nalegał, by się go nauczył, gdy rozpoczął się izraelsko-palestyński proces pokojowy. Jest bardzo dobry akademicko i ciężko pracuje, aby zapewnić sobie lepsze życie, udaje mu się zdobyć stypendium do Kanady. Jego życie towarzyskie jest ubogie, z wyjątkiem dwóch europejskich przyjaciół, Paolo i Willy'ego, psychologów, których komputer pożycza po tym, jak postanawia przestać chodzić do kafejki internetowej.

Kiedy był w podobnym wieku co Tal, miał okazję pracować w Izraelu. Musiał tam zostać po zablokowaniu punktów kontrolnych do Gazy, a potem regularnie przychodził do domu szefa na jedzenie i/lub sen. To właśnie tam poznał inną Tal, córkę swojego pracodawcy i zakochał się w niej. Niestety, niedługo potem musiał wrócić do Gazy, bo nie było już dla niego pracy, a nie mógł wrócić z powodu coraz częstszych ataków na izraelską ziemię. Ta brutalna przerwa głęboko go naznaczyła: nie chce już być w miejscu, w którym jego relacje są uwarunkowane najmniejszym aktem przemocy.

Naïm jest bardzo podejrzliwy i niechętnie się ujawnia. Nawet w gronie przyjaciół, zwierzanie się im zajmuje mu dużo czasu. Słowa Paolo i Willy'ego o możliwości zaistnienia jednostki w sobie, uleczenia swoich łez, są tym, co go zasmuca i popycha do ostatecznego otwarcia się. Dwaj psychologowie są w Palestynie, ponieważ jeśli nie możemy zapobiec konfliktom, możemy z drugiej strony wspierać tych, którzy ich doświadczają, aby pomóc im wyleczyć rany. Słuchanie ich, traktowanie ich jako jednostek, a nie anonimowej części kolektywu, jest dla nich podstawą pracy. Naïm, który wiele wycierpiał, załamuje się, gdy słyszy te słowa.

W korespondencji z Tal początkowo przedstawia się jedynie jako pochodzący z Gazy, imię podaje dopiero w okresie wielkiego zmęczenia po akcjach dotykających znajomych, a tak naprawdę mówi o sobie dopiero w ostatniej wiadomości, kiedy jest pewien, że dziewczyna nie będzie miała już okazji odpowiedzieć.

Do czasu rozpoczęcia opowieści wiele już przeszedł. Jego początkowa niechęć do kontynuowania ich wymiany ma jednak niewiele wspólnego z konfliktem; wynika głównie ze wspomnienia drugiego Tal, które wciąż go prześladuje. Stopniowo rozumie, że to, iż jego koleżanka jest młoda, nie musi oznaczać, że jest naiwna, i zaczyna mieć nadzieję, że tak długo po zamknięciu w Gazie można jeszcze nawiązać prawdziwą relację z Innym. Mając to na uwadze i z ulgą wiedząc, że ktoś czeka na niego na końcu drogi, może śmiało wyjechać, by kontynuować naukę za granicą.

EYTAN LEVINE

Eytan jest 20-letnim pielęgniarzem wojskowym i starszym bratem Tal. Jak wszyscy młodzi Izraelczycy w jego wieku, jest zobowiązany do odbycia służby wojskowej, gdyż prawo wymaga, aby każdy młody mężczyzna lub kobieta, poza wyjątkowymi sytuacjami rodzinnymi (jeśli młody człowiek ma na przykład dzieci), ukończył do trzech lat w armii. Służy w Strefie Gazy, ale niewiele mówi o swoim życiu tam. Tal zakłada, że ukrywa przed nią okrucieństwa, których jest świadkiem, aby nie wywołać u niej traumy: "Wyobrażam sobie, że nauczył się nie widzieć, albo zapomnieć, aby nie wyglądać zbytnio jak starzec." (p. 9)

Naturalnie spokojny i opanowany, jest już bardzo dojrzałym młodym człowiekiem, który ma pełną świadomość powagi konfliktu izraelsko-palestyńskiego. Wydaje się dość otwarty, nawet jeśli mniej niż jego siostra: w przeciwieństwie do niej nie jest przesadnie optymistyczny co do możliwości zawarcia przyjaźni między obiema stronami. Nawet jeśli zgadza się, choć niechętnie, dostarczyć wiadomość Tal do Gazy, podejmuje środki ostrożności: najpierw sprawdza zawartość listów, działa dopiero wtedy, gdy jest pewien, że nie może być widziany (jego zachowanie może być uznane za podejrzane), a potem wraca kilka razy, zawsze sprawdzając plecy, w nadziei, że zobaczy osobę podnoszącą butelkę.

Szczegóły te zostają jednak ujawnione dopiero pod koniec powieści, kiedy Eytan zdradza swój sekret: jako jedyny wie, jak wygląda Naïm, ponieważ widział, jak wziął list. To właśnie przy tej okazji traci panowanie nad sobą w stosunku do siostry, co zdarza się bardzo rzadko i podkreśla dzielący ich dystans: "To znaczy, żyjesz na Marsie czy co? Czy naprawdę sądziłeś, że wyrzucę butelkę do morza, w Gazie, nie wiedząc nic o jej zawartości? Jestem żołnierzem, Tal. Nie słodka, nieodpowiedzialna marzycielka" (s. 143).

OURI I EFRAT

Ouri i Efrat to dwie izraelskie nastolatki, odpowiednio chłopak i najlepsza przyjaciółka Tal. Chodzą do tego samego liceum co ona, ale tylko Efrat jest w tej samej klasie co jej przyjaciółka (dbają o to, by w klasie były obok siebie). Z konfliktem stykają się tylko pośrednio, więc trudno im pocieszyć Tal, gdy jest świadkiem ataku na autobus. Są jednak wobec niej bardzo rozważni, a można nawet powiedzieć, że ich stan ducha zmienia się w poważniejszy sposób, ponieważ ten akt przemocy dotknął bezpośrednio ich przyjaciela.

Podczas gdy Efrat jest tylko sporadycznie wspominana w dalszej części fabuły, Tal często kwestionuje jej uczucia wobec Ouri. Mówi ojcu, że nadal kocha chłopaka, albo tak jej się wydaje, ale przyznaje, że wybrałaby Naima, gdyby trzeba było dokonać wyboru.

RODZICE TAL'A

Rodzice Tal i Eytana są jedynymi izraelskimi bohaterami (wraz z drugą rodziną Tal, ale uczucia tej ostatniej nie są szczególnie szczegółowo opisane), którzy doświadczyli początku procesu pokojowego i rozumieli jego tajniki. Zmęczeni konfliktami między Izraelem a Palestyną, wiązali duże nadzieje z porozumieniami z Oslo z 1993 roku, które miały zbliżyć oba kraje. Tal daje temu wyraz, gdy wspomina dzień 13 września 1993 roku w domu Levinów: nie poszli do pracy, kupili nietypowe jedzenie i picie, płakali z radości przy telewizji pokazującej wspólnie przywódców izraelskich, palestyńskich i amerykańskich.

Od tego czasu stali się rozczarowani i prowadzą, jak każdy Izraelczyk, codzienne życie, nie wiedząc, gdzie konflikt doprowadzi następnego dnia. Nie porzucili jednak swoich pacyfistycznych idei i zachowują wiarę w dialog, który ich zdaniem jest jeszcze możliwy między obiema społecznościami. Dlatego, nie okazując tego samego przepełnionego entuzjazmem co ich córka (bez wątpienia są moralnie zmęczeni tym konfliktem), zachęcają ją w zaufaniu, jakim obdarza Naima.

KLUCZOWE ZAGADNIENIA

KONFLIKT IZRAELSKO-PALESTYŃSKI

Ten konflikt geopolityczny ma swoje źródło w Deklaracji Balfoura (nazwanej tak od nazwiska jej sygnatariusza, brytyjskiego sekretarza stanu Arthura Balfoura, 1848-1930) z 1917 roku. W dokumencie tym Wielka Brytania zadeklarowała się za żydowskim domem narodowym w Palestynie, natomiast Arabowie oczekiwali utworzenia niepodległego państwa arabskiego obiecanego w porozumieniu Hussein-McMahon dwa lata wcześniej.

Po II wojnie światowej (1939-1945) Brytyjczycy, nie mogąc znaleźć satysfakcjonującego rozwiązania, które pogodziłoby żydowski i palestyński punkt widzenia oraz położyło kres przemocy, przekazali swój mandat nad tym terytorium ONZ, która w listopadzie 1947 roku przegłosowała plan podziału Palestyny, dzieląc ją na trzy części: państwo żydowskie, państwo arabskie i strefę międzynarodową (Jerozolimę). Ta rezolucja, odrzucona przez Palestyńczyków, wywołała prawdziwą wojnę domową. Kiedy w maju następnego roku Izrael ogłosił niepodległość, wojna stała się oficjalna i zainaugurowała wojenny okres, który ten region świata przeżywa do dziś.

Niezgoda opiera się głównie na braku wzajemnego uznania obu narodów oraz nieuznawaniu istnienia państwa palestyńskiego przez niektórych członków ONZ. Oprócz tej konfrontacji o terytorium, oba podmioty są również przeciwstawne z religijnego punktu widzenia: Palestyna jest w przeważającej mierze muzułmańska, podczas gdy Izrael jest syjonistyczny (przesiąknięty silnym żydowskim sentymentem narodowym).

Przed wspomnianymi przez Tal i Naïm wydarzeniami powstania palestyńskiego w 2000 roku przewidywano różne rozwiązania mające na celu zakończenie konfliktu. Porozumienia z Camp David, podpisane w 1978 roku przez prezydenta Egiptu Anwara Sadata (1918-1981) i premiera Izraela Menachema Begina (1913-1992), stanowiły m.in. podstawę do negocjacji losów Strefy Gazy. Porozumienia z Oslo, podpisane w 1993 roku w obecności Icchaka Rabina, Jasera Arafata (palestyński mąż stanu, 1929-2004) i Billa Clintona (prezydent USA, ur. 1946), planowały stopniową autonomię dla Palestyny, ustanowienie władz krajowych i jasny podział terytoriów. Ich realizacja została spowolniona przez zabójstwo Rabina w 1995 roku, a następnie zarzucona po rozpoczęciu drugiej Intifady.

Konflikt ten jest obecnie nierozwiązany i dodatkowo skomplikowany przez fakt, że od wojny w Gazie w 2014 roku i wynikającej z niej fali przemocy od 2015 roku stosunki między Izraelem a Palestyną uległy dalszemu pogorszeniu.

SPOSÓB PROWADZENIA KORESPONDENCJI

Powieść ma kilka różnych typów narracji: stale przeplata rozdziały z klasyczną narracją, prezentowaną czasem przez Tal, a czasem przez Naima, z rozdziałami z e-mailami między dwoma bohaterami.

W rozdziałach, w których wypowiadają się sami, dają upust swoim obawom i uczuciom. Zadają pytania, którymi nie mogą podzielić się z innymi i dokonują obserwacji, które stanowią podstawę ich niezwykłej relacji.

> *"Powiedziałem mu, że pytania nie pojawiłyby się, gdybym nie była Izraelką, a on nie był Palestyńczykiem. Ale tak to już jest: urodziliśmy się tam, gdzie ziemia płonie, gdzie młodzi ludzie bardzo wcześnie czują się starzy, gdzie niemal cudem jest, gdy ktoś umiera śmiercią naturalną."*
> *(p. 69)*

Z kolei w e-mailach, ze względu na prawdopodobieństwo przeczytania ich przez osoby trzecie, Tal i Naïm ujawniają niewiele, często woląc rozmawiać na lżejsze tematy. Te e-maile są przedstawione wraz z ich adresatami, odbiorcami i obiektami, a ton jest często swobodniejszy niż w klasycznych rozdziałach, mimo że ich narratorami są ci sami bohaterowie.

> *"Cechy szczególne: twierdzi, że jest grzeczny, ale pisze "Cześć, Maszyno". Ma poczucie humoru, powiedziałbym, że żydowskiego. Także upodobanie do tajemnicy". (p. 51)*

Znacznie później i tylko w jednym przypadku, Tal i Naim rozmawiają przez komunikator internetowy. Podczas tej rozmowy Naïm czyni gorzką uwagę, że Izraelczycy i Palestyńczycy nigdy nie zgodzili się co do słów, których używają, i że sam ten fakt stanowi przeszkodę w ich porozumieniu. Refleksja ta wynika z faktu, że są oni teraz świadomi, iż nie używają tych samych terminów na oznaczenie tych samych rzeczy:

> *"Wy mówicie, że szukacie terrorystów w mieście Szechem, a my mówimy, że szukacie naszych bojowników w mieście Nablus (A to przecież to samo miasto! I to ci sami ludzie!)" (s. 139).*

Wybór korespondencji jako sposobu narracji wynika z racjonalnej logiki: ponieważ opowieść musi pozostać w realistycznych ramach, wysłanie Tal do Palestyny było dla autora niemożliwe (nie jest jeszcze na tyle dorosła, by odbyć służbę wojskową jak Eytan). Jedynym sposobem, w jaki może rozpocząć dialog z drugą stroną, jest wysłanie wiadomości, w tym przypadku w formie listów, a następnie e-maili. Ten wybór stylistyczny ma przede wszystkim praktyczne uzasadnienie.

Można jednak w politycznych wypowiedziach bohaterów rozpoznać także, wzorem innych powieści epistolarnych, denuncjację aktualnej sytuacji. Tradycja ta nie jest bynajmniej nowa: już w 1721 roku, w *Listach perskich,* Montesquieu (francuski pisarz i myśliciel, 1689-1755) krytykował francuskie społeczeństwo swoich czasów, ale w bardziej okrężny sposób, aby obejść cenzurę. Tutaj celem jest skłonienie nastolatków u progu zostania obywatelami świata do przyznania się do absurdu konfliktu, poprzez oddanie głosu bezpośrednio dwóm z nich.

NADZIEJE MŁODYCH LUDZI Z BLISKIEGO WSCHODU

Dwaj bohaterowie są przedstawicielami młodzieży, która pokładała nadzieję w pojednaniu między Izraelem a Palestyną, gdy podpisano pierwsze znane im porozumienia pokojowe (porozumienia z Oslo), i która nie rozumie, jak sytuacja może się tak zdegenerować, gdy oba narody twierdzą, że chcą, by konflikt ucichł: "Pewnego dnia wy, my, zrozumiecie, że w przemocy nie ma możliwego zwycięzcy, że jest to wojna przegranych. Bałagan." (p. 166)

Chociaż nadal mają nadzieję na szczęśliwe zakończenie, po niepowodzeniu porozumień z Oslo stali się fatalistami: wydaje się, że nic nie poprawia się w domu i nie wiedzą już, co mogą zrobić, aby spróbować poprawić sytuację. W miarę trwania przemocy ludność wydaje się pogodzić – lub raczej porzucić nadzieję – z faktem, że konflikt trwa. Tal wyjaśnia, że po ataku na kawiarnię, a potem na autobus, życie wydaje się toczyć dalej, bo biorąc pod uwagę częstotliwość ataków, dla wszystkich jest oczywiste, że można żyć tylko z nadzieją, że nie znajdzie się wśród przyszłych ofiar.

Po stronie Naima sprawa jest bardziej skomplikowana. Ludzie żyją względnie normalnie, poza obecnością wojska, ale są zarówno odcięci od świata, jak i skrajnie napiętnowani przez swoich żydowskich sąsiadów. Żyją z dnia na dzień, czekając na uznanie ich za państwo, nieufni wobec siebie (Naim uważa, by nie okazywać publicznie najmniejszej sympatii wobec Izraelczyków) i żądni odzyskania wolności.

Od jesieni 2015 roku, w wyniku Intifady Nożownika, wiele mediów dokonało bilansu motywacji, które skłaniają młodych Palestyńczyków do buntu zarówno przeciwko Izraelowi, jak i wszelkiej władzy. Jak zauważyli, są oni "w większości urodzeni po porozumieniach z Oslo, wyrośli w obliczu udowodnionej już porażki ,procesu pokojowego', w permanentnej frustracji, strachu i upokorzeniu, bez perspektyw na przyszłość" (WARSCHAWSKI M., "La jeunesse palestinienne à couteaux tirés avec Israël", w *Association France Palestine Solidarité*, październik 2015). Ci młodzi ludzie znają tylko swoją ziemię, a to, co wynieśli z Arabskiej Wiosny (serii powstań, które miały miejsce w krajach arabskich od 2011 roku), zaakcentowało ich poczucie niesprawiedliwości dotyczące własnej sytuacji. Jest zdesperowana, nie waha się już sięgnąć po broń, bo widziała, że jedna próba dyplomatycznego rozwiązania konfliktu po drugiej zawodzi.

Tal i Naim również nie widzą rozwiązania, ale w przeciwień-stwie do większości Żydów i Palestyńczyków w przeszłości i obecnie, odmawiają postrzegania przemocy jako mającej jakiekolwiek pozytywne skutki; wolą dialog niż broń, ponie-waż obaj byli świadkami niszczących konsekwencji wojny.

DROGI DO REFLEKSJI

KILKA PYTAŃ, KTÓRE POMOGĄ CI SIĘ GŁĘBIEJ ZASTANOWIĆ...

- "To są dni ciemności, smutku i grozy. Strach powrócił". (s. 7) W jaki sposób te początkowe zdania podsumowują ówczesny stan ducha bohaterki? Jak to się zmieni? Odpowiedz, podając dowody z powieści.

- Akcja rozgrywa się między wrześniem 2003 a połową 2004 roku, kiedy od trzech lat szaleje druga Intifada. Jaki wpływ ma ten kontekst wojny na ludność izraelską i palestyńską? Odpowiedz, przytaczając elementy korespondencji między Tal i Naim.

- Ważną rolę w powieści odgrywa kontekst historyczno-polityczny. W jaki sposób jest on niezbędny do zrozumienia psychologii bohaterów?

- Dlaczego Tal i Naim muszą ukrywać swoją korespondencję i dlaczego wydaje się to absurdalne?

- Czy reakcja rodziny Tal, gdy dowiadują się o jej wymianie maili z Palestyńczykiem jest zaskakująca? Uzasadnij swoją odpowiedź.

- Status wojskowy Eytana przypomina służbę, którą muszą pełnić w armii wszyscy młodzi Izraelczycy. Czy mimo tego statusu Eytan jest w tej samej sytuacji co jego siostra, czy też inaczej postrzega konflikt?

- Zakończenie powieści jest otwarte, natomiast reżyser filmu postanowił wyobrazić sobie przyszłe spotkanie dwojga młodych ludzi. Jaki jest według Ciebie cel tych dwóch podejść?

- Jak przepisałbyś na ekran epistolarną wymianę zdań między dwoma bohaterami? Jakbyś to uzasadnił?

- Jak w tym cytacie Naima odbija się echo desperacji palestyńskiej młodzieży?

> *"Muszę być jedynym Palestyńczykiem w Gazie, na którym zależy komuś po drugiej stronie. Unesco powinno wyznaczyć mnie jako zabytek historyczny lub światowe dziedzictwo. Powinienem zostać sfilmowany i pokazany światu, jak rzadki i cenny przedmiot." (p. 85)*

- Czy postacie Tal i Naima odzwierciedlają dzisiejszą młodzież w Izraelu i Palestynie? Co je wyróżnia?

ABY PÓJŚĆ DALEJ

WYDANIE REFERENCYJNE

ZENATTI V., *Une bouteille dans la mer de Gaza*, Paris, L'École des loisirs, coll. « Médium », 2005, 167 s.

BADANIE PODSTAWOWE

WARSZAWSKI M., "La jeunesse palestinienne à couteaux tirés avec Israël", w *Association France Palestine Solidarité*, październik 2015, dostęp 27 września 2016. http://www.france-palestine.org/La-jeunesse-palestinienne-a-couteaux-tires-avec-Israel

ADAPTACJA FILMOWA

Une bouteille à la mer, film w reżyserii Thierry'ego Binisti, z Agathe Bonitzer (Tal) i Mahmoudem Shalaby (Naïm), Francja, Quebec, Izrael, 2012.

Fabuła filmu jest dość podobna do tej z powieści Valérie Zenatti, z głosem lektora czytającego maile. Wydarzenia rozgrywają się jednak na przestrzeni roku (w przeciwieństwie do połowy czasu w książce), niektóre postacie drugoplanowe zostają wymazane, Naïm studiuje w Centrum Kultury Francuskiej w Gazie zamiast wyjechać do Kanady, a fabuła idzie nieco dalej niż koniec powieści, wyobrażając sobie spotkanie Tal i Naïm. Film ten otrzymał kilka nagród w latach 2011-2012.

Chcemy usłyszeć od Ciebie, co się dzieje!
Zostaw komentarz na temat swojej internetowej biblioteki
i podziel się swoimi ulubionymi książkami w mediach społecznościowych!

www.50minutes.com

Master ISBN: 9782808693417
Papierowy ISBN: 9782808614818
Depozyt prawny: D/2023/12603/1761

Verhaal: © Primento

Projekt cyfrowy: Primento, cyfrowy partner wydawców.